Papi
Léo
Léna
Basile
Tom

Chers Parents,

Cette collection de lecture à deux voix, dans laquelle le parent lit le texte et l'enfant nomme les mots illustrés, permet de poser les prérequis d'un bon apprentissage.

- **Structurer son langage :** en vous **écoutant** raconter l'histoire, en **nommant** les images, en **répondant** aux petites questions de compréhension, votre enfant ose s'exprimer oralement en toute confiance.
- **Se préparer à l'apprentissage de la lecture :** en vous **regardant suivre les lignes de texte avec votre doigt**, il intègre la notion essentielle du sens de lecture de gauche à droite.
- **Se connaître :** en s'identifiant aux personnages et aux situations, il reconnaît **ses propres émotions** (joie, peur, colère...) dans un cadre bienveillant qui le rassure.

Prenez du plaisir en partageant **un moment privilégié** avec votre enfant !

Bonne lecture !

Édition : Barbara Jung
Conception graphique : Mélissa Chalot
Mise en pages : Cécile Rabataud

ISBN : 978-2-01-721293-5

Achevé d'imprimer en Décembre 2022 en Espagne par Unigraf - Dépôt légal : janvier 2023 - Édition 01 - 82/3732/7

Les histoires de P'tit SAMi Maternelle

Une histoire à lire à deux

Vive la récréation !

Texte : Nine Cléry

Illustrations : Alain Boyer

hachette

Depuis une heure, la classe de Sami fait de la pâte à modeler. Sami a réalisé un magnifique  dinosaure, Basile un  serpent multicolore, mais Tom commence à s'agiter :

– C'est dans longtemps la récré ?

Que souhaite Tom ?

DRiiiNG ! retentit la sonnerie de l'école.

– Hourra ! s'écrie Tom.

La récréation, enfin !

– Mettez-vous en rang dans le  couloir, et pas de bousculade dans les  escaliers ! prévient la maîtresse.

Sais-tu ce qu'est une bousculade ?

Dans la  cour,  Julie et ses amis jouent à 1, 2, 3,  soleil !

– Peut-on jouer avec vous ? demande Sami.

– Non, répond  Léna, vous trichez tout le temps.

– S'il te plaît ! insiste Tom.

As-tu déjà joué à Un, deux, trois, soleil ?

Finalement, les filles acceptent.

La partie commence.

– 1, 2, 3,  soleil ! (Julie se retourne.)

Léo, éliminé ! Tu as bougé.

– 1, 2, 3,  soleil ! recompte Julie.

Un pied en l'air, Sami retient son souffle.

Est-ce que
Sami bouge ?

Fatigué, Sami pose le 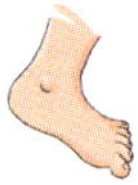 pied

par terre.

– Sami, éliminé ! s'écrie  Julie.

– Non, c'est de la triche !

réplique Sami, furieux.

– Si, Sami, tu es éliminé !

Une dispute éclate.

Pourquoi Sami
est-il fâché ?

– Puisque c'est comme ça,

on ne joue plus ! déclarent

Sami et ses copains en

tournant les 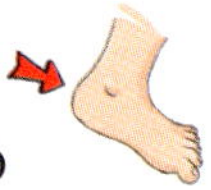.
talons

C'est alors que Basile sort

de sa  un 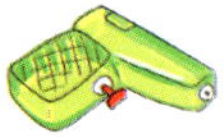 ...
poche pistolet à eau

Sami
et ses copains
continuent-ils
à jouer avec Julie
et Léna ?

– Génial ! Prête-le-moi, dit  Tom.

Il s'empare du pistolet

et commence à asperger

tous les  enfants.

Les maîtresses font les gros  yeux :

– Tom, apporte-nous ce jouet

tout de suite !

Est-on content lorsqu'on fait les gros yeux ?

Penaud, Tom tend le pistolet

à sa  maîtresse. Elle propose :

– Et si au lieu de faire

des bêtises, nous jouions tous

ensemble au jeu du  facteur ?

– Hourra ! s'écrient tous

les enfants.

Que propose
la maîtresse ?

Dans la cour s'organise

une grande 
ronde
. Les enfants

et même les maîtresses

se donnent la 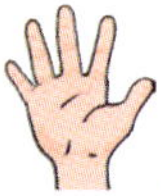
main
.

– Sami, à toi l'honneur d'avoir

le 
foulard
, dit sa maîtresse.

Sami commence à courir.

Que doit faire
Sami avec
le foulard ?

C'est ensuite au tour de  Léna,

puis de  Léo, puis de  Julie

d'avoir le foulard.

Tout le monde s'amuse.

Même  Basile : il a oublié qu'il

n'avait plus son pistolet

et il retrouve le  sourire.

Comment Basile se sent-il ?

Mais tout à coup, **DRiiiiiNG**,

la récréation est finie.

– Oh non, on s'amusait bien !

se désole .

Sami

– Ne t'inquiète pas, le rassure

Julie, il y aura d'autres

récréations tous les jours d'  !

école

driiiiing
Quels sont tes jeux préférés à la récréation ?

Et si on jouait... ?

Tu as sûrement déjà joué à la marelle, au toboggan, et comme Sami et Julie, à Un, deux, trois, soleil ! Il existe d'autres jeux très amusants, les connais-tu ?

Chat perché

Jouer à **chat** est très rigolo. Un enfant est le chat. Il essaie de toucher l'un de ses camarades qui tente de lui échapper en s'enfuyant le plus vite possible. Si le chat réussit à t'attraper, tu deviens le chat à ton tour.

Quand on joue à **chat perché**, le chat n'a pas le droit de t'attraper si tu as réussi à grimper sur un banc, une chaise, ou tout ce que tu auras trouvé dans la cour de récréation. Il faut être rapide et malin, car le chat est très habile.

Le jeu du facteur

Un objet représente **un colis** (un foulard, un gant…) et un joueur tient le rôle du **facteur**. Les autres enfants s'installent par terre, en rond, ferment les yeux et commencent à **chanter** :

Le facteur n'est pas passé, il ne passera jamais…
lundi, mardi, mercredi, jeudi, vendredi, samedi, dimanche !

Pendant la chanson, **le facteur court autour des autres joueurs** et, à la fin de la chanson, il doit avoir **déposé le colis** derrière le dos d'un enfant. Les joueurs se retournent pour regarder s'ils ont reçu le colis. Le joueur qui a reçu le colis se lève et **part à la poursuite** du facteur. Le facteur, lui, court pour prendre la place du joueur qui le poursuit sans se faire toucher.

Si le facteur a réussi à s'asseoir sans être touché, il a gagné et l'autre joueur devient le facteur. Si le facteur est rattrapé et touché, l'autre joueur reprend sa place de départ et le facteur garde son rôle.

As-tu lu toutes les histoires de P'tit Sami ?

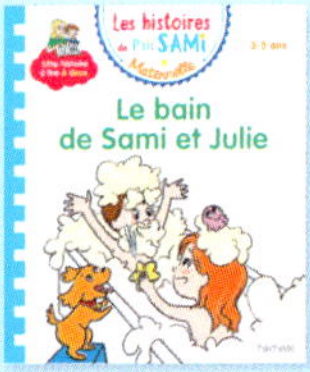

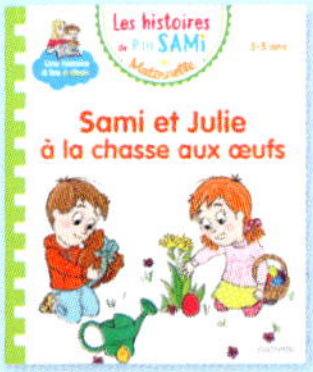

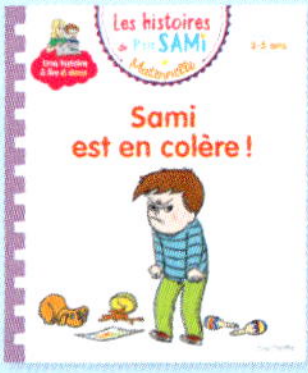

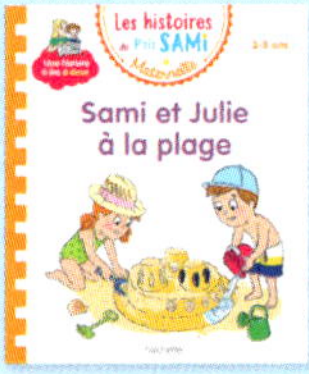

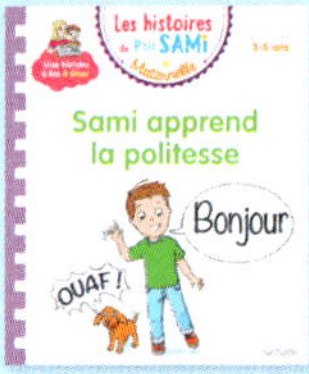

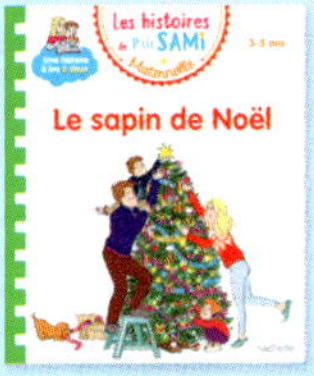

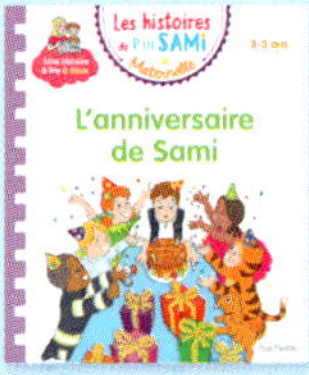

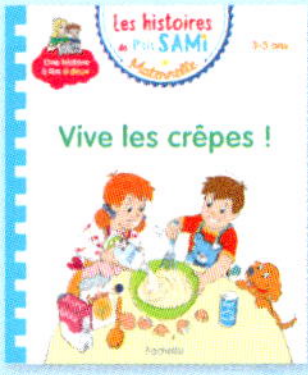